Ze lopen
gewoon met me mee...

Zesde druk, 1996
Vertaling: L.M. Niskos
Nederlandse rechten:
Lemniscaat Rotterdam 1977
ISBN 90 6069 317 5

De coproduktie van deze
uitgave werd uitgevoerd
door Gyldendal
Gedrukt in België

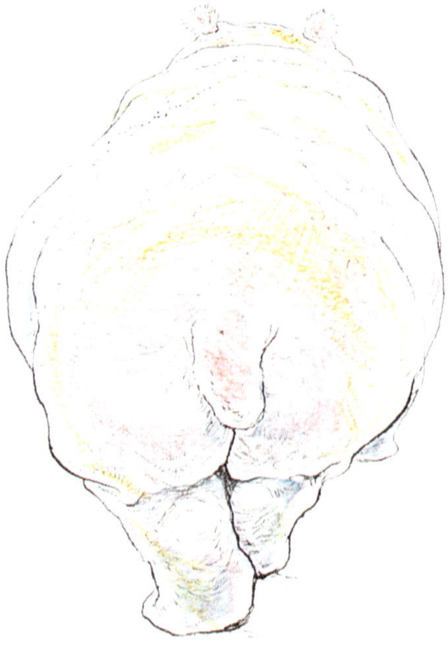

Ze lopen gewoon met me mee...

Een verhaal van Margaret Mahy
getekend door Steven Kellogg

Lemniscaat Rotterdam

Kareltje Jonas was net als andere jongens, alleen was hij wat klein. Toen hij op een keer uit school kwam, keek hij om en zag dat er een nijlpaard achter hem aan liep.

Een nijlpaard! en hij hield juist zoveel van nijlpaarden! Maar hij had nog nooit gemerkt dat nijlpaarden ook van hem hielden. Kareltje aaide hem over z'n neus en het nijlpaard glom van plezier.

Toen Kareltje de huisdeur opendeed, wou het nijlpaard mee naar binnen. Maar Kareltje dacht dat zijn moeder dat vast niet goed zou vinden. Daarom stuurde hij het nijlpaard de tuin in.

Het nijlpaard zei niets, en dook de goudvisvijver in.

"Wat is dat daar toch in onze goudvisvijver?" vroeg meneer Jonas toen hij uit het raam keek.

"O, dat is een nijlpaard", zei Kareltje.

”Nou nog mooier!” riep meneer Jonas, ”kunnen de mensen hun nijlpaarden dan niet aan de lijn houden? Daar kan geen goudvisvijver tegen!”

De volgende morgen liep het nijlpaard gewoon met Kareltje mee naar school.

Op school was er een hoop te doen en Kareltje was al gauw het hele nijlpaard vergeten. Toen hij 's middags naar huis liep . . .

hoorde hij wat geschuifel achter zich. Hij keek om en zag dat er vier nijlpaarden met hem meeliepen.

Kareltje vond het geweldig. Wat fijn dat hij nu net het soort jongen was, met wie nijlpaarden graag meelopen.

Toen ze bij huis kwamen, zochten de vier nijlpaarden heel tevreden een plaatsje in de goudvisvijver. Het was een flinke vijver, maar met vier nijlpaarden erin leek hij niet zo groot meer.

”Nu zijn ze met z’n vieren!” riep mevrouw Jonas toen ze uit het raam keek, ”dat is nogal wat”.

De volgende dag was het sportdag. De vier nijlpaarden liepen mee naar school en bleven rustig naar het voetballen kijken. Maar 's avonds waren het al negen nijlpaarden die met Kareltje meeliepen en in de vijver kropen.

Zo ging het een hele tijd door.

Toen ze in het tuinhuisje grootvaders verjaardag wilden vieren, konden ze er haast niet bijkomen, want er stoeiden zevenentwintig nijlpaarden op het grasveld.
”Waar komen ze toch vandaan?” vroeg meneer Jonas, die het al lang niet meer leuk vond.
”Ze lopen gewoon met me mee als ik uit school kom”, zei Kareltje, ”ze vinden me aardig”.

"Dan zit er niets anders op, dan dat iemand je zo verandert of betovert, dat nijlpaarden je *niet* meer aardig vinden".

Kareltje vond dat heel erg, maar hij begreep dat zevenen-twintig nijlpaarden op één grasveldje wel wat veel is.

Meneer Jonas zocht in het telefoonboek onder 'Heksen' en vond: 'Nel Paardweg – vooral voor kinderen. Bel 7117117 voor een afspraak'.

Hij maakte een afspraak. Precies om middernacht – het uur van de bezemstelen – kwam Nel Paardweg door de schoorsteen naar beneden.

”O, ik zie het al! Last van nijlpaarden!” zei juffrouw Paardweg, die net op het grasveld drieënveertig nijlpaarden had geteld. ”Daar heb ik een pracht van een pilletje voor”.
”Geef maar gauw!” zei meneer Jonas, die Nel helemaal geen nette dame vond, en haar graag weer gauw kwijt wilde.

”Er zit wel een bezwaartje aan”, zei Nel, die net in de ijskast gedoken was, ”de pil geneest kinderen van nijlpaarden, maar . . .”
”Geen maren!” riep meneer Jonas, ”geef op die pil!”

Nel Paardweg gaf de pil aan Kareltje, die hem zonder aarzelen doorslikte.

”Deze pil werkt altijd”, zei Nel, ”maar toch moet ik u waarschuwen, dat . . .”

”Genoeg!” riep meneer Jonas en joeg Nel Paardweg de schoorsteen in.

De pil werkte echt! De volgende morgen was aan Kareltje niets bijzonders te zien, maar toen hij z'n neus buiten de deur stak, dropen drieënveertig nijlpaarden stilletjes af. Sommige keken hem verwijtend aan over hun schouder.

Een ogenblik later was er nergens meer een nijlpaard te bekennen.

Kareltje vond het vreselijk om z'n vrienden te missen, want hij hield van nijlpaarden. Hij liep naar school – helemaal alleen.

Maar op school was het erg leuk. Hij tekende wel een dozijn nijlpaarden tot het tijd was om naar huis te gaan.

Onderweg naar huis keek hij telkens om, want in zijn hart hoopte hij dat er toch nijlpaarden met hem mee zouden lopen. Maar nergens was er een te zien.

en Kareltje was in zijn nopjes!

Voor mijn neef Steven
S.K.

Voor Jennifer, Fiona,
Andreas en Matthijs...
vier mensen die altijd
met me mee mogen lopen.
M.M.